Impressum
Verlag: BABADADA GmbH, Nedderfeld 112 , 22529 Hamburg
Geschäftsführer / Verlagsleitung: Harald Hof
Druck: Books on Demand GmbH, In de Tarpen 42, 22848 Norderstedt

Imprint
Publisher: BABADADA GmbH, Nedderfeld 112 , 22529 Hamburg, Germany
Managing Director / Publishing direction: Harald Hof
Print: Books on Demand GmbH, In de Tarpen 42, 22848 Norderstedt

de School

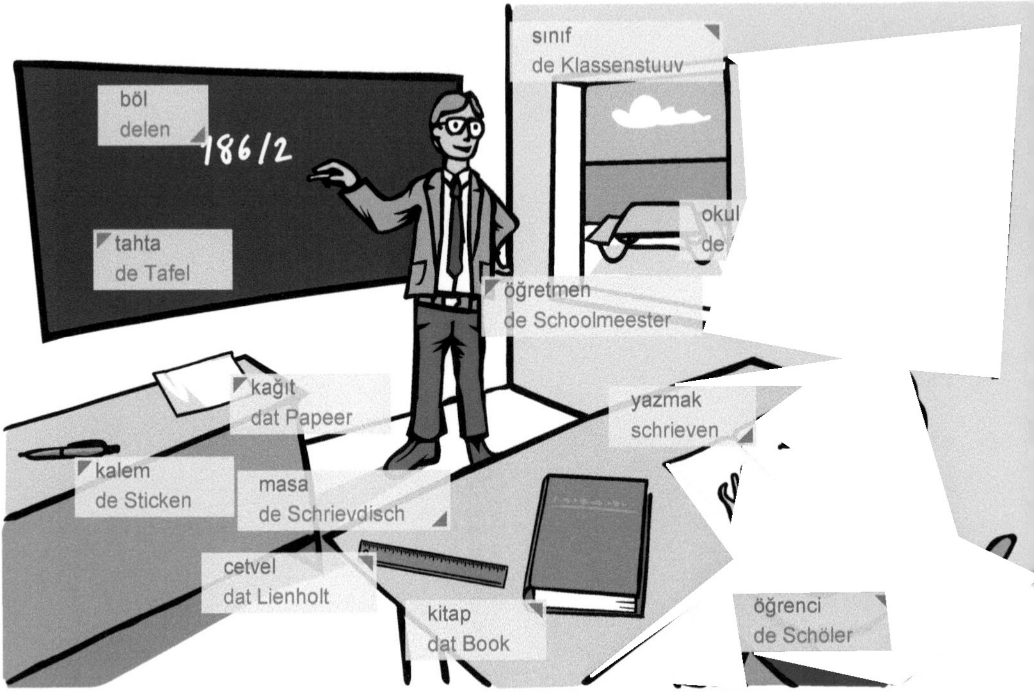

sınıf
de Klassenstuuv
böl
delen
186/2
okul
de
tahta
de Tafel
öğretmen
de Schoolmeester
kağıt
dat Papeer
yazmak
schrieven
kalem
de Sticken
masa
de Schrievdisch
cetvel
dat Lienholt
kitap
dat Book
öğrenci
de Schöler

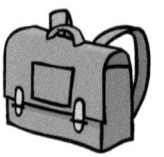

okul çantası

de Ranzel

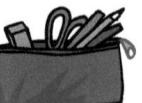

kalemlik

de Feddermapp

kurşun kalem

de Bleesticken

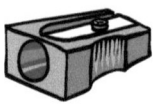

kalem açacağı

de Scharpmaker

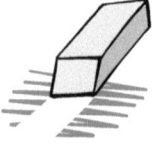

silgi

dat Radeergummi

çizim defteri

de Tekenblock

çizim
de Teken

resim fırçası
de Pinsel

boya kutusu
de Malkassen

makas
de Scheer

tutkal
de Klever

alıştırma kitabı
dat Heft to'n Öven

ödev
de Huusopgaav

12

sayı
de Tall

2+2

ekle
tohooptellen

5-2

çıkar
aftrecken

2×2

çarp
malnehmen

hesapla
reken

A

harf
de Bookstaav

ABCDEFG HIJKLMN OPQRSTU VWXYZ

alfabe
dat ABC

kelime
dat Woort

metin

de Text

okumak

lesen

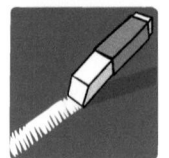

tebeşir

de Kried

ders

de Stunn

kayıt

dat Klassenbook

sınav

de Pröven

sertifika

dat Tüügnis

okul forması

de Schooluniform

eğitim

de Utbillen

ansiklopedi

dat Nakieksel

üniversite

de Universität

mikroskop

dat Mikroskop

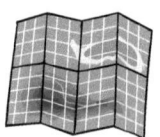

harita

de Koort

kağıt çöp kutusu

de Papeerkorf

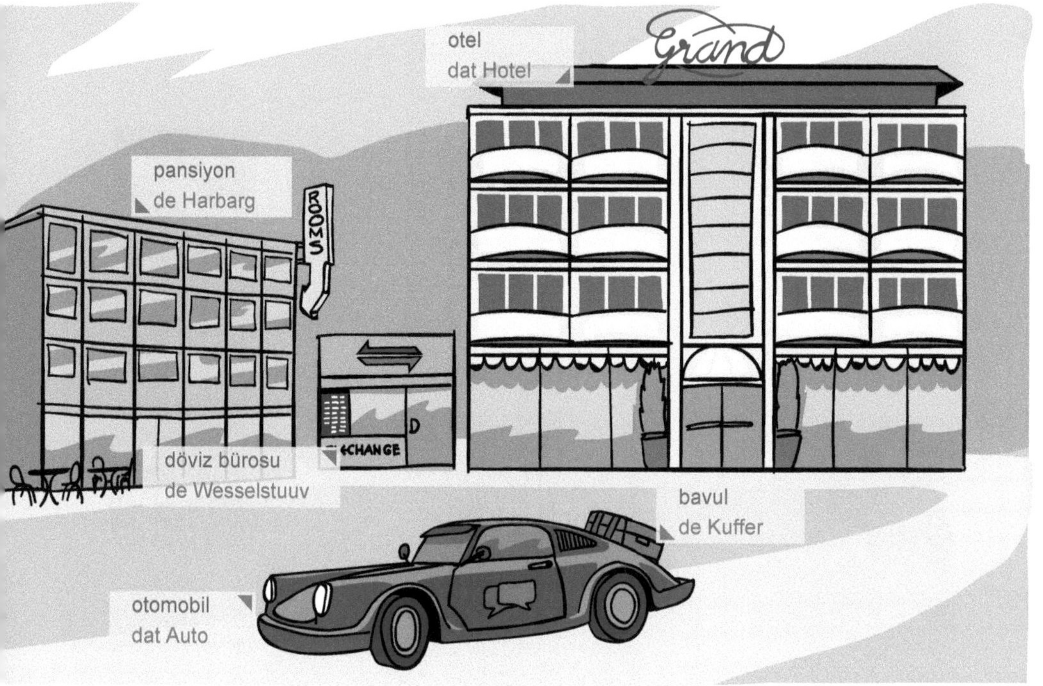

otel
dat Hotel
Grand
pansiyon
de Harbarg
ROOMS
EXCHANGE
döviz bürosu
de Wesselstuuv
bavul
de Kuffer
otomobil
dat Auto

dil
....
de Spraak

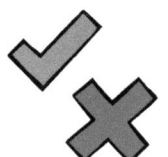

evet / hayır
....
jo / ne

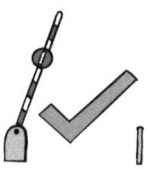

Tamam
....
Jo

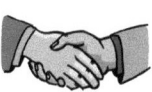

merhaba
....
Moin

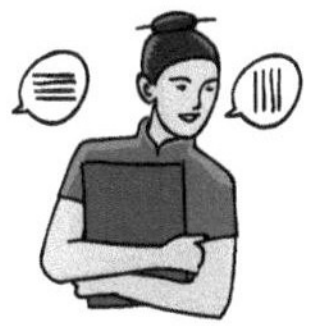

çevirmen
....
de Översetter

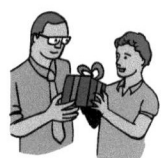

Teşekkür ederim
....
Dank ok

bu … ne kadar?

Wat kost…?

anlamadım

Ik verstah nich

problem

dat Problem

İyi akşamlar!

Goden Avend

Günaydın!

Moin!

İyi geceler!

Gode Nacht!

güle güle

Tschüüs

yön

de Richt

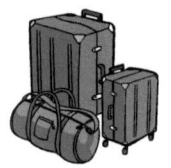

bagaj

de Bagaasch

çanta

de Tasch

sırt çantası

de Rüchsack

misafir

de Gast

oda

de Stuuv

uyku tulumu

de Slaapsack

çadır

dat Telt

turist danışma

de Touristeninformatschoon

sahil

de Strand

kredi kartı

de Kreditkoort

kahvaltı

dat Fröhstück

öğle yemeği

dat Meddageten

akşam yemeği

dat Avendeten

Bilet

de Fohrkort

asansör

de Fohrstohl

pul

de Breefmark

sınır

de Grenz

gümrük

de Toll

elçilik

de Bottschop

vize

dat Visum

pasaport

de Pass

de Transport

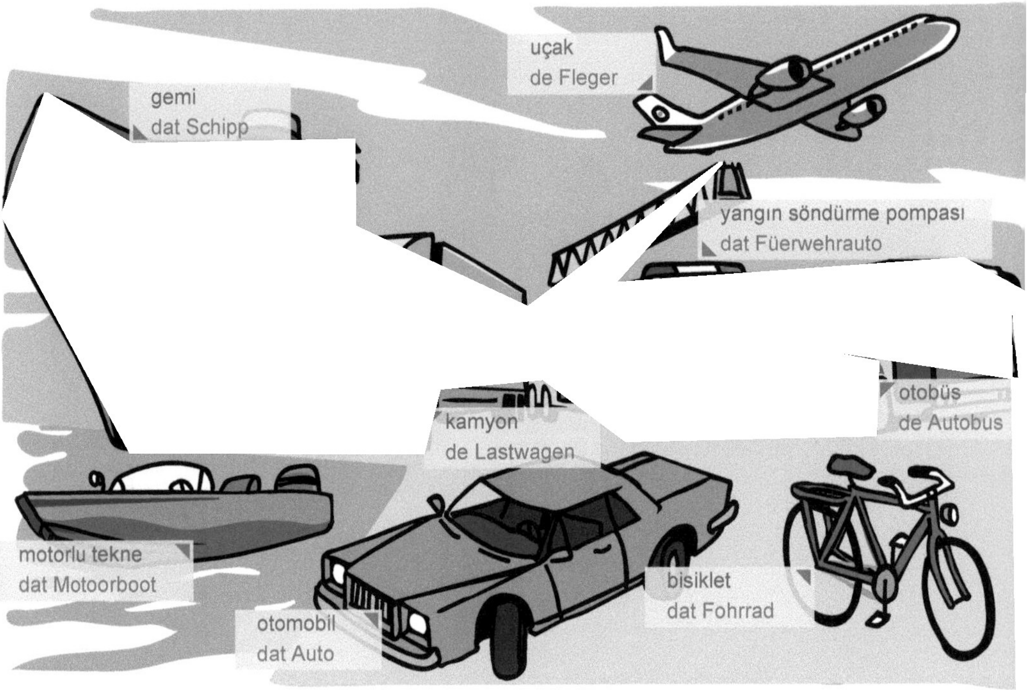
uçak
de Fleger
gemi
dat Schipp
yangın söndürme pompası
dat Füerwehrauto
otobüs
de Autobus
kamyon
de Lastwagen
motorlu tekne
dat Motoorboot
bisiklet
dat Fohrrad
otomobil
dat Auto

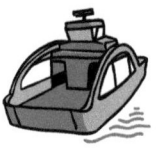

feribot

de Fähr

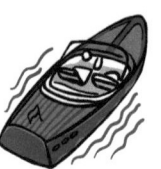

bot

dat Boot

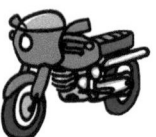

motosiklet

dat Motoorrad

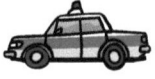

polis arabası

dat Polizeiauto

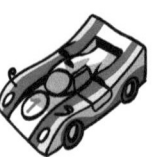

yarış arabası

dat Rönnauto

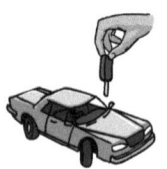

kiralık araba

de Lehnwagen

ortak araba

dat Carsharing

çekici

de Afsleepwagen

çöp kamyonu

dat Müllauto

motor

de Motoor

yakıt

de Kraftstoff

benzinlik

de Tanksteed

trafik işareti

dat Verkehrsschild

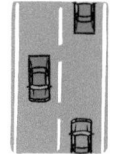

trafik

de Verkehr

trafik sıkışıklığı

de Stau

otopark

de Afstellplatz

tren istasyonu

de Bahnhoff

ray

de Sporen

tren

de Tog

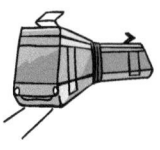

tramvay

de Stratenbahn

vagon

de Wagon

helikopter

de Dwarsmöhl

havaalanı

de Flooghaven

kule

de Tower

yolcu

de Fohrgast

konteyner

de Grootkist

koli

de Karton

yük arabası

de Koor

sepet

de Korf

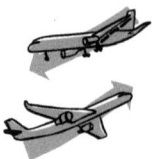

kalkış / iniş

starten / lannen

de Stadt

köy

dat Dörp

şehir merkezi

de Binnenstadt

ev

dat Huus

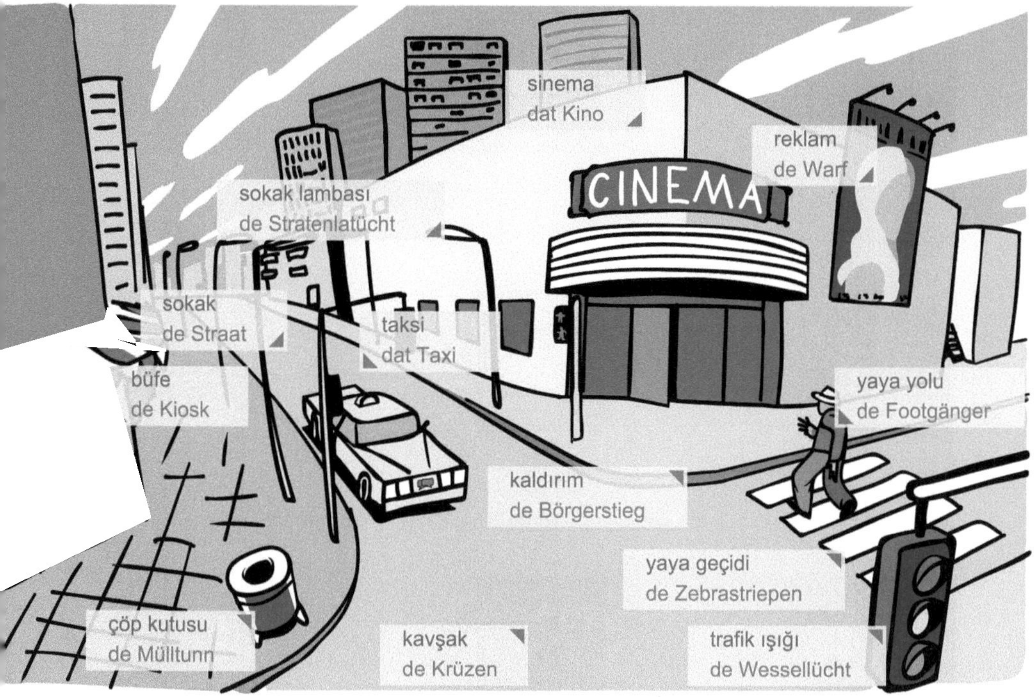

sinema
dat Kino

reklam
de Warf

sokak lambası
de Stratenlatücht

CINEMA

sokak
de Straat

taksi
dat Taxi

büfe
de Kiosk

yaya yolu
de Footgänger

kaldırım
de Börgerstieg

yaya geçidi
de Zebrastriepen

çöp kutusu
de Mülltunn

kavşak
de Krüzen

trafik ışığı
de Wessellücht

kulübe
....
de Hütt

apartman dairesi
....
de Wahnung

tren istasyonu
....
de Bahnhoff

belediye binası
....
dat Raathuus

müze
....
dat Museum

okul
....
de School

üniversite

de Universität

banka

de Bank

hastane

dat Krankenhuus

otel

dat Hotel

eczane

de Afteek

ofis

dat Büro

kitapçı

de Bookhökerie

mağaza

de Hökerie

çiçekçi

de Blomenhökerie

süpermarket

de Supermarkt

market

de Markt

büyük mağaza

dat Koophuus

balık satıcısı

de Fischhökerie

alışveriş merkezi

dat Inkoopszentrum

liman

de Haven

park
de Parkanlaag

bank
de Bank

köprü
de Brüch

merdiven
de Trepp

metro
de Ünnergrundbahn

tünel
de Tunnel

otobüs durağı
de Busstoppsteed

bar
de Bar

restoran
dat Spieslokal

posta kutusu
de Breefkassen

sokak tabelası
dat Stratenschild

otopark sayacı
de Parkklock

hayvanat bahçesi
de Deertenpark

yüzme havuzu
de Baadanstalt

cami
de Moschee

çiftlik

de Buernhoff

kirlilik

de Ümweltversmudden

mezarlık

de Karkhoff

kilise

de Kark

oyun alanı

de Speelplatz

tapınak

de Tempel

de Landschop

yaprak
dat Blatt

yön tabelası
de Wiespahl

yol
de Weg

çayır
de Wisch

taş
de Steen

ağaç
de Bo

yürüyüşçü
de Wannerer

ırmak
de Fluss

çimen
dat Gras

çiçek
de Bloom

vadi
dat Daal

tepe
de Barg

göl
de See

orman
dat Holt

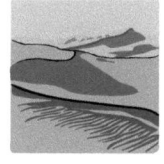

çöl
de Wööst

volkan
de Füerspien Barg

kale
dat Slott

gökkuşağı
de Regenbagen

mantar
de Poggenstohl

palmiye
de Palm

sivrisinek
de Steekmück

sinek
de Fleeg

karınca
de Miegeemk

arı
de Imm

örümcek
de Spinn

böcek
de Sebber

kurbağa
de Pogg

sincap
de Katteker

kirpi
de Swienegel

yabani tavşan
de Haas

baykuş
de Uul

kuş
de Vagel

kuğu
de Swaan

yaban domuzu
dat Wildswien

geyik
de Hirsch

geyik
de Elk

baraj
de Staudamm

rüzgar türbini
dat Windrad

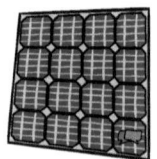

güneş paneli
dat Solarmodul

iklim
dat Klima

dat Spieslokal

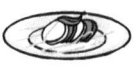

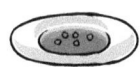

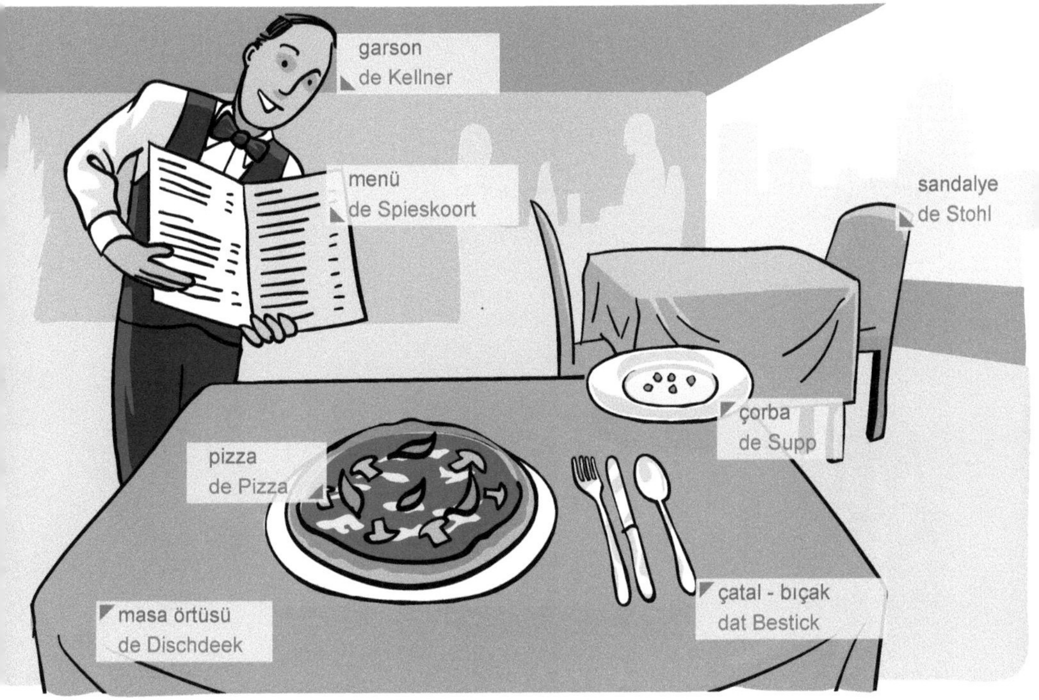
garson
de Kellner
menü
de Spieskoort
sandalye
de Stohl
çorba
de Supp
pizza
de Pizza
çatal - bıçak
dat Bestick
masa örtüsü
de Dischdeek

başlangıç

de Vörspies

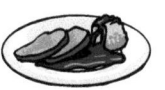

ana yemek

dat Haupteten

tatlı

de Nadisch

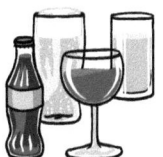

içecekler

de Drünk

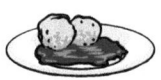

yemek

dat Eten

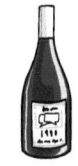

şişe

de Buddel

fastfood

dat Fastfood

sokak yemeği

dat Strateneten

çaydanlık

de Teekann

şekerlik

de Zuckerdoos

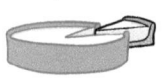

porsiyon

de Portschoon

espresso makinesi

de Espressomaschien

mama sandalyesi

de Hoochstohl

fatura

de Reken

tepsi

dat Tablett

bıçak

dat Mess

çatal

de Gavel

kaşık

de Lepel

çay kaşığı

de Teelepel

servis peçetesi

dat Munddook

bardak

dat Glas

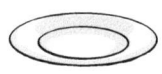

tabak

de Töller

çorba kasesi

de Suppentöller

fincan altlığı

de Ünnertass

sos

de Sooß

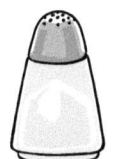

tuzluk

de Soltstreuer

karabiber değirmeni

de Pepermöhl

sirke

de Etig

yağ

dat Ööl

baharat

de Krüder

ketçap

de Ketchup

hardal

de Mostrich

mayonez

de Mayonnaise

de Supermarkt

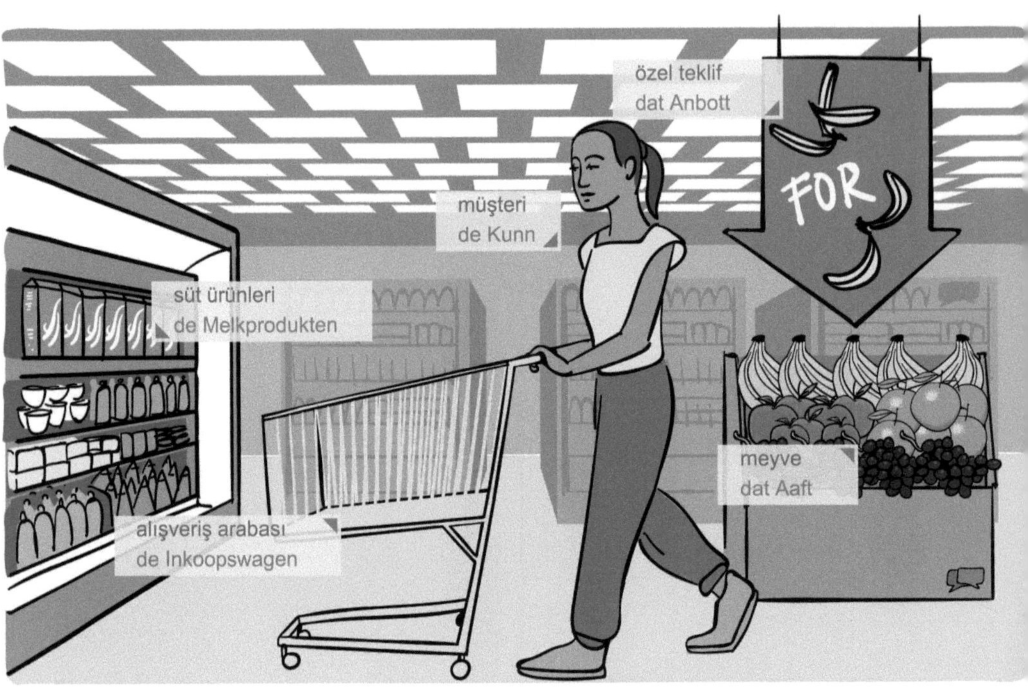

özel teklif
dat Anbott
FOR
müşteri
de Kunn
süt ürünleri
de Melkprodukten
meyve
dat Aaft
alışveriş arabası
de Inkoopswagen

BUTCHERS

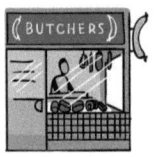

kasap

de Slachterie

BAKERY

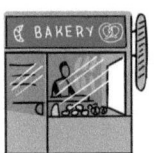

fırın

de Bäckerie

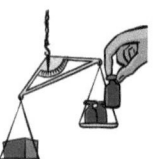

tartmak

wegen

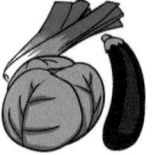

sebze

de Gröönsaken

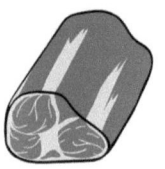

et

dat Fleesch

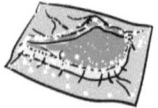

donmuş gıda

de Deepköhlkost

söğüş et

de Opsnitt

konserve yiyecek

de Konserven

toz deterjan

de Waschmiddel

şekerlemeler

de Snoopkraam

ev temizlik ürünleri

de Huushooltssaken

temizlik ürünleri

de Reinmaaktüüch

satış görevlisi

de Verköpersche

yazar kasa

de Kass

kasiyer

de Kasserer

alışveriş listesi

de Inkoopslist

açılış saatleri

de Opsparrtieden

cüzdan

de Breeftasch

kredi kartı

de Kreditkoort

çanta

de Tasch

plastik poşet

de Plastiktüüt

su
dat Water

meyve suyu
de Saft

süt
de Melk

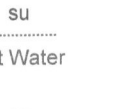

kola
de Cola

şarap
de Wien

bira
dat Beer

alkol
de Spriet

kakao
de Kakao

çay
de Tee

kahve
de Koffie

espresso
de Espresso

kapuçino
de Cappucino

muz
de Banaan

elma
de Appel

portakal
de Appelsien

kavun
de Meloon

limon
de Zitroon

havuç
de Wöttel

sarımsak
de Knuuvlook

bambu
de Bambus

soğan
de Zibbel

mantar
de Poggenstohl

çerez
de Nööt

makarna
de Nudeln

spagetti

de Spaghetti

pirinç

de Ries

salata

de Salat

cips

de Pommes frites

patates kızartması

de Braadkantüffeln

pizza

de Pizza

hamburger

de Hamborger

sandviç

dat Sandwich

şinitzel

dat Snitzel

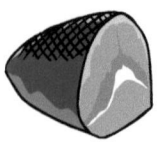

pastırma

de Schinken

salam

de Salami

sosis

de Wust

tavuk

dat Hohn

rosto

de Braden

balık

de Fisch

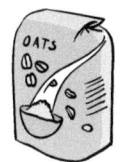

yulaf ezmesi

de Haverflocken

müsli

dat Müsli

mısır gevreği

de Cornflakes

un

dat Mehl

kruvasan

de Croissant

küçük ekmek

dat Rundstück

ekmek

dat Broot

tost

dat Toast

bisküvi

de Keksen

tereyağı

de Botter

kaymak

de Quark

kek

de Koken

yumurta

dat Ei

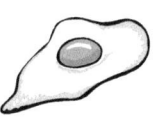

sahanda yumurta

dat Spegelei

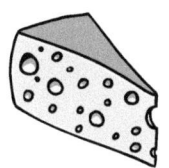

peynir

de Kees

dondurma
de Ies

şeker
de Zucker

bal
de Honnig

reçel
de Marmelaad

fındık ezmesi
de Nougat-Creme

köri
dat Curry

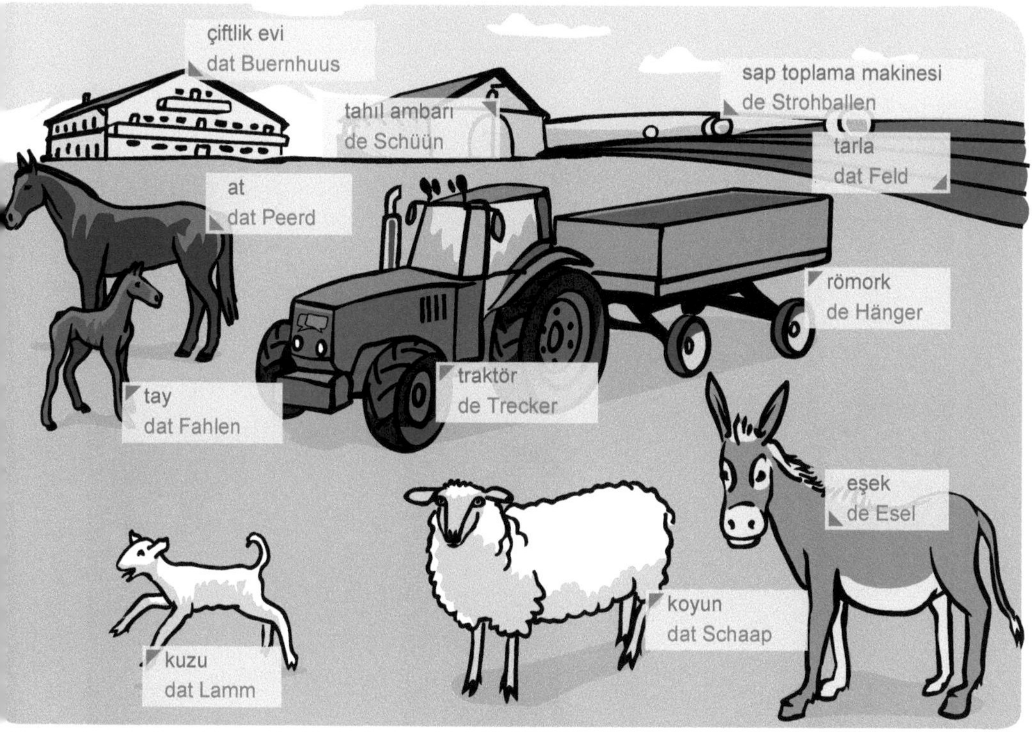

çiftlik evi
dat Buernhuus

tahil ambarı
de Schüün

sap toplama makinesi
de Strohballen

tarla
dat Feld

at
dat Peerd

römork
de Hänger

tay
dat Fahlen

traktör
de Trecker

eşek
de Esel

kuzu
dat Lamm

koyun
dat Schaap

keçi
de Zeeg

inek
de Koh

buzağı
dat Kalf

domuz
dat Swien

domuz yavrusu
dat Farken

boğa
de Bull

kaz

de Goos

ördek

de Aant

civciv

dat Küken

tavuk

dat Hohn

horoz

de Hahn

sıçan

de Rott

kedi

de Katt

fare

de Muus

öküz

de Oss

köpek

de Hund

köpek kulübesi

de Hunnenhütt

bahçe hortumu

de Goornslauch

sulama kabı

de Geetkann

tırpan

de Lee

pulluk

de Ploog

çiftlik - de Buernhoff

orak

de Sich

çapa

de Hack

dirgen

de Mestfork

balta

de Ext

el arabası

de Schuufkoor

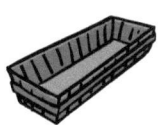

yemlik

de Trog

süt kovası

de Melkkann

çuval

de Sack

çit

de Tuun

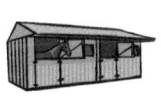

ahır

de Stall

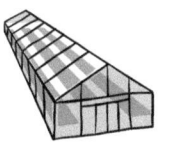

sera

dat Drievhuus

toprak

de Bodden

tohum

de Saat

gübre

de Dünger

biçerdöver

de Meihdöscher

hasat etmek
oornen

harman
de Oorn

tatlı patates
de Yamswöttel

buğday
de Weten

soya
dat Soja

patates
de Kantüffel

mısır
de Törksche Weten

kolza
de Rapp

meyve ağacı
de Aaftboom

manyok
de Troopsch Kantüffel

hububat
dat Koorn

dat Huus

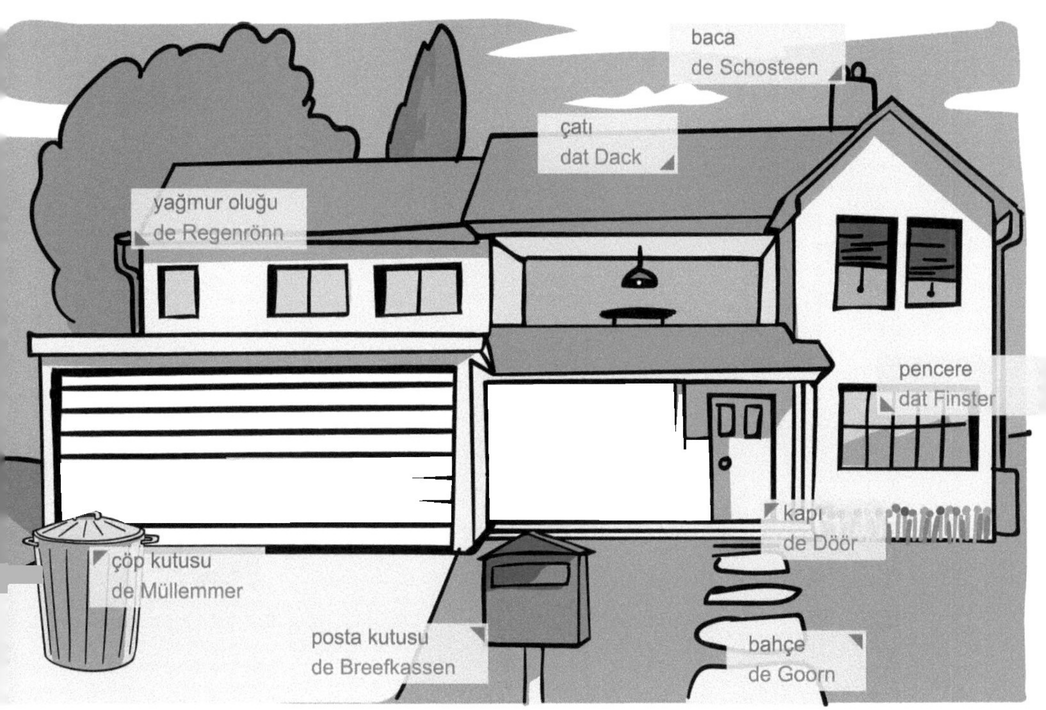
baca
de Schosteen
çatı
dat Dack
yağmur oluğu
de Regenrönn
pencere
dat Finster
kapı
de Döör
çöp kutusu
de Müllemmer
posta kutusu
de Breefkassen
bahçe
de Goorn

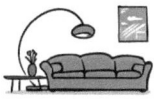

oturma odası

de Wahnstuuv

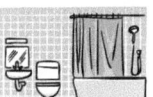

banyo

de Baadstuuv

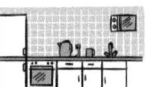

mutfak

de Köök

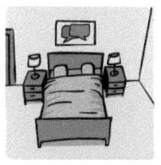

yatak odası

de Slaapstuuv

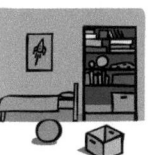

çocuk odası

de Kinnerstuuv

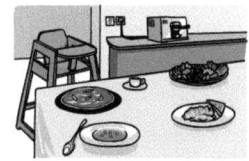

yemek odası

de Eetstuuv

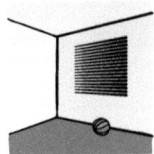

zemin

de Footbodden

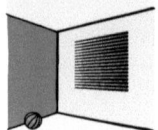

duvar

de Wand

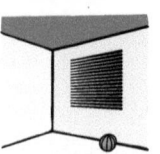

tavan

de Deek

kiler

de Keller

sauna

dat Hittluftbad

balkon

de Balkon

teras

de Terrass

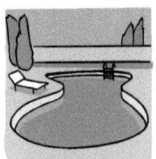

havuz

dat Swümmbad

çim biçme makinesi

de Rasenmeiher

çarşaf

de Bettbetog

yatak örtüsü

de Bettdeek

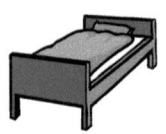

yatak

de Puuch

süpürge

de Bessen

kova

de Emmer

anahtar

de Schalter

de Wahnstuuv

duvar kağıdı
de Tapeet
resim
dat Bild
lamba
de Lamp
raf
dat Regal
dolap
dat Schapp
televizyon
de Kiekkassen
şömine
de Kamin
çiçek
de Bloom
minder
dat Küssen
kanepe
dat Sofa
vazo
de Vaas
uzaktan kumanda
de Feernbedenen

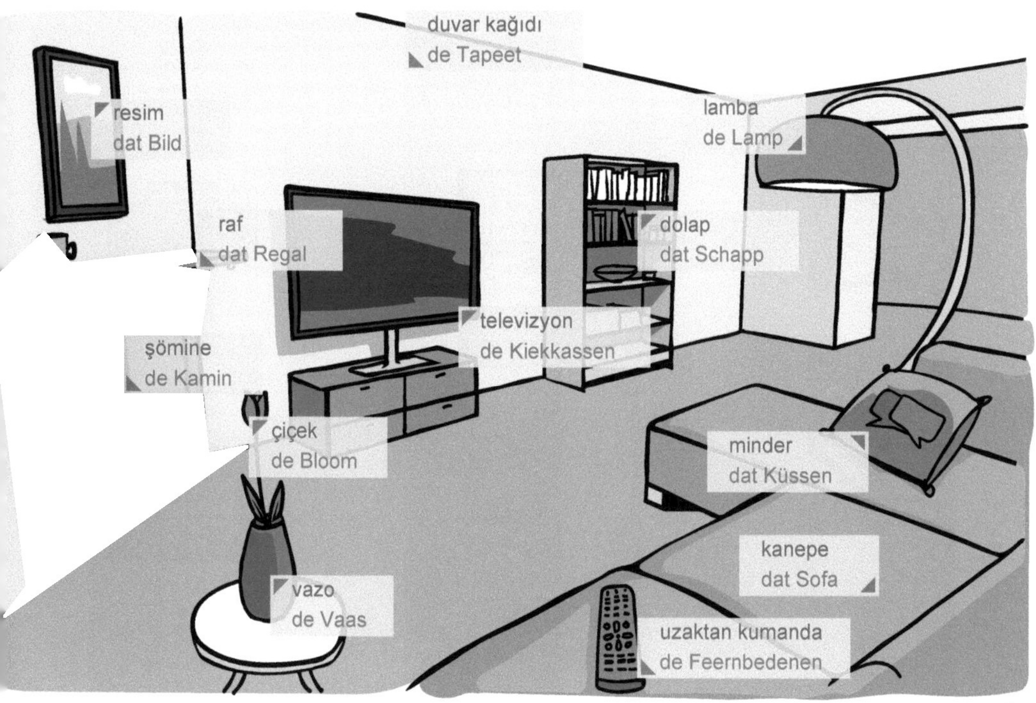

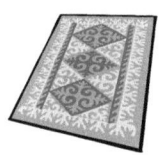

halı

de Teppich

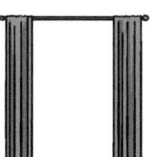

perde

de Vörhang

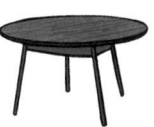

masa

de Disch

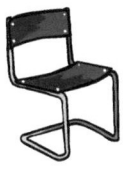

sandalye

de Stohl

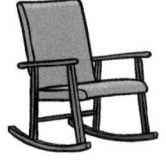

salıncaklı koltuk

de Schuckelstohl

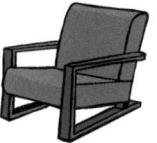

koltuk

de Sessel

kitap

dat Book

battaniye

de Deek

dekor

de Dekoratschoon

odun

dat Füerholt

film

de Film

hi-fi

de Stereoanlaag

anahtar

de Slötel

gazete

dat Narichtenblatt

tablo

dat Gemälde

poster

dat Poster

radyo

dat Radio

defter

de Opschrievblock

elektrikli süpürge

de Huulbessen

kaktüs

de Kaktus

mum

de Kars

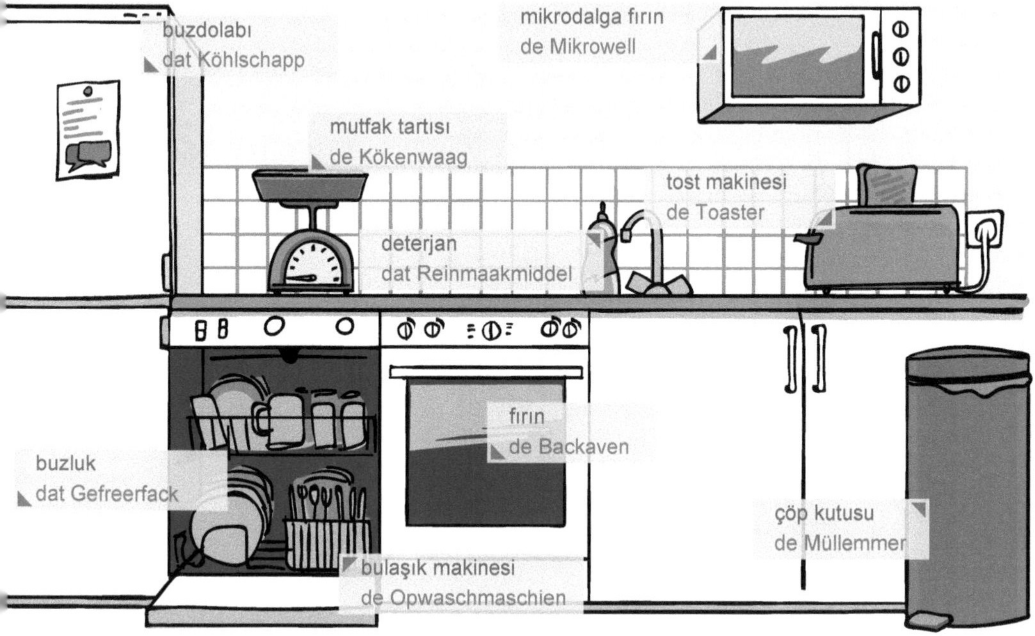

buzdolabı
dat Köhlschapp

mikrodalga fırın
de Mikrowell

mutfak tartısı
de Kökenwaag

tost makinesi
de Toaster

deterjan
dat Reinmaakmiddel

fırın
de Backaven

buzluk
dat Gefreerfack

çöp kutusu
de Müllemmer

bulaşık makinesi
de Opwaschmaschien

ocak

de Heerd

tencere

de Pott

döküm tencere

de Gussiesern Putt

wok

de Wok / Kadai

tava

de Pann

su ısıtıcı

de Waterkaker

buharlı pişirici

de Dampkaakputt

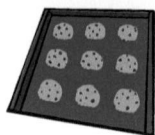

pişirme tepsisi

dat Backblick

tabak takımı

dat Geschirr

kupa

de Beker

kase

de Schaal

çubuk (çin yemeği)

de Eetsticken

kepçe

de Suppenkell

spatula

de Pannenwenner

çırpma teli

de Sneebessen

süzgeç

dat Kaakseef

elek

dat Seef

rende

de Riev

havan

de Mörser

barbekü

de Grill

açık ateş

de Füerstell

kesme tahtası

dat Sniedbrett

merdane

dat Nudelholt

tirbüşon

de Proppentrecker

konserve kutusu

de Doos

konserve açacağı

de Dosenaapner

fırın eldiveni

de Pottlappen

evye

dat Waschbecken

fırça

de Böst

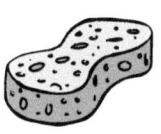

sünger

de Swamm

blender

de Mixer

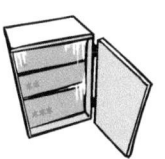

derin dondurucu

dat lesschapp

biberon

de Nuckelbuddel

musluk

de Waterhahn

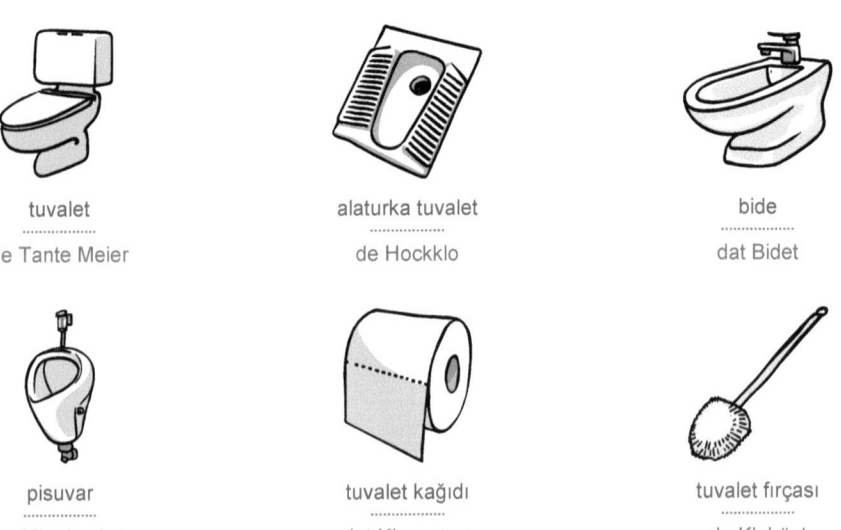

de Baadstuuv

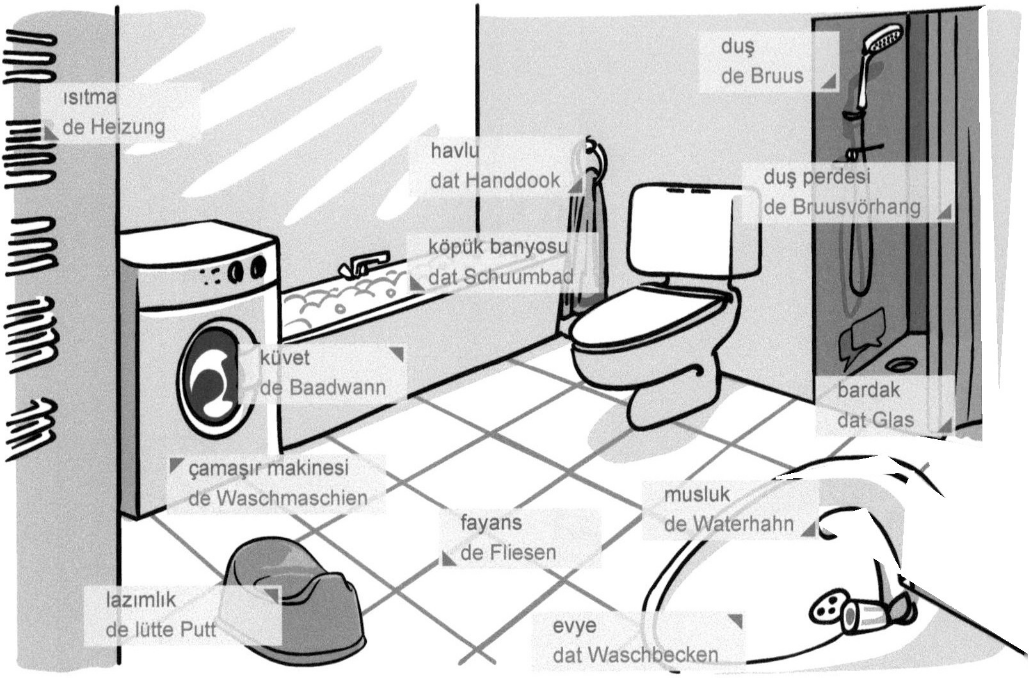

ısıtma
de Heizung
havlu
dat Handdook
duş
de Bruus
duş perdesi
de Bruusvörhang
köpük banyosu
dat Schuumbad
küvet
de Baadwann
bardak
dat Glas
çamaşır makinesi
de Waschmaschien
musluk
de Waterhahn
fayans
de Fliesen
lazımlık
de lütte Putt
evye
dat Waschbecken

tuvalet

de Tante Meier

alaturka tuvalet

de Hockklo

bide

dat Bidet

pisuvar

dat Miegbecken

tuvalet kağıdı

dat Klopapeer

tuvalet fırçası

de Kloböst

diş fırçası

de Tähnböst

diş macunu

de Tähnpast

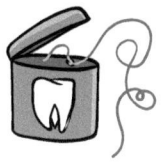

diş ipi

de Tähnsied

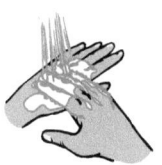

yıkamak

waschen

duş başlığı

de Handbruus

duş başlığı şeklinde taharet musluğu

de Intimbruus

küvet

de Waschschöttel

banyo fırçası

de Rüchböst

sabun

de Seep

duş jeli

dat Bruusgeel

şampuan

dat Hoorwaschmiddel

banyo lifi

de Waschlappen

gider

de Afloop

krem

de Creme

deodorant

dat Deodorant

ayna

de Spegel

el aynası

de Kosmetikspegel

jilet

de Raserer

tıraş köpüğü

de Raseerschuum

tıraş losyonu

dat Raseerwater

tarak

de Kamm

fırça

de Böst

saç kurutma makinesi

de Hoordröger

saç spreyi

dat Hoorspray

makyaj

de Smink

ruj

de Lippensticken

tırnak cilası

de Nagellack

pamuk

de Watt

tırnak makası

de Nagelscheer

parfüm

dat Rüükwater

makyaj çantası

de Kulturbüdel

tabure

de Schemel

tartı

de Waag

bornoz

de Baadmantel

lastik eldiven

de Gummihanschen

tampon

de Tampon

kadın pedi

de Damenbinn

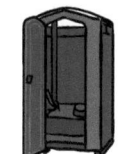

kimyevi tuvalet

dat Chemieklo

de Kinnerstuuv

çalar saat
de Wecker
peluş oyuncak
dat Knudeldeert
oyuncak araba
dat Speeltüüchauto
çıngırak
de Klöter
bebek evi
dat Poppenhuus
hediye
dat Geschenk

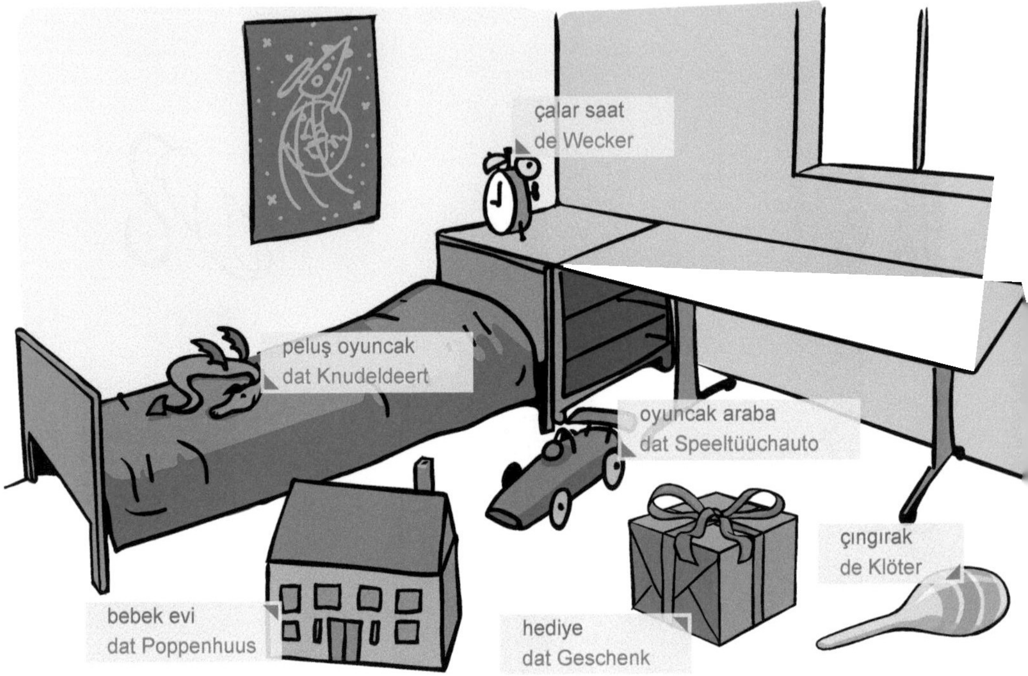

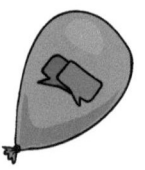

balon

de Luftballon

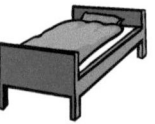

yatak

de Puuch

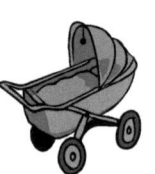

bebek arabası

de Kinnerwagen

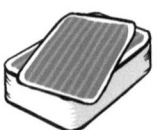

kart destesi

dat Koortenspeel

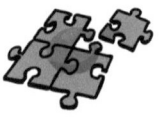

yapboz

dat Puzzle

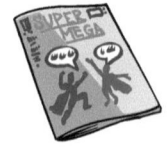

çizgi roman

de Billergeschicht

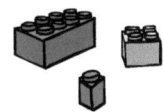

lego tuğlaları

de Legostenen

lego blokları

de Bustenen

aksiyon figürü

de Action-Figur

zıbın

de Strampelantog

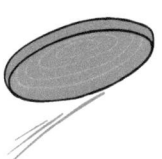

frizbi

de Frisbeeschiev

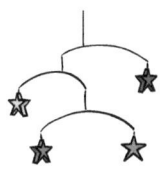

dönence

dat Mobile

masa oyunu

dat Brettspeel

zar

de Wörpel

model tren seti

de Modelliesenbahn

emzik

de Snuller

parti

de Party

resimli kitap

dat Billerbook

top

de Ball

oyuncak bebek

de Popp

oynamak

spelen

kum havuzu

de Sandkassen

salıncak

de Schuckel

oyuncaklar

dat Speeltüüch

video oyun konsolu

de Speelkonsool

üç tekerlekli bisiklet

dat Dreerad

oyuncak ayı

de Teddyboor

gardırop

dat Klederschapp

dat Tüüch

çorap

de Socken

külotlu çorap

de Strümp

tayt

de Strumpbüx

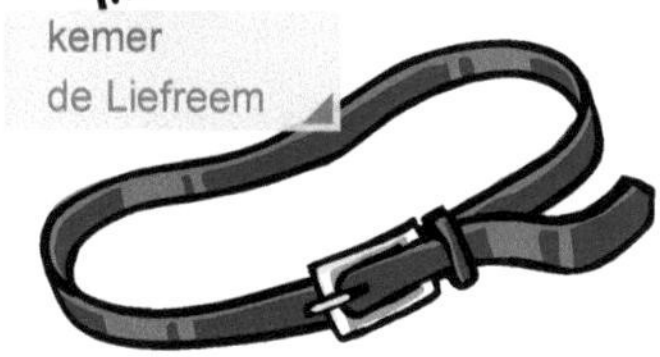

eşarp
dat Halsdook

şemsiye
de Paraplü

kemer
de Liefreem

tişört
dat T-Shirt

spor ayakkabı
de Turnschoh

bot
de Stevel

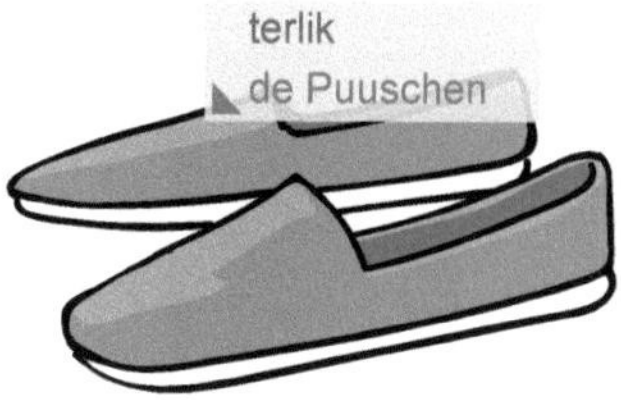

terlik
de Puuschen

sandalet
de Sandalen

ayakkabı
de Schoh

lastik çizme
de Gummistevel

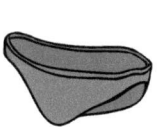

külot
de Ünnerbüx

sütyen
de Bostholler

yelek
dat Ünnerhemd

dar bluz

de Lief

pantolon

de Büx

kot pantolon

de Jeansnüx

etek

de Rock

bluz

de Bluus

gömlek

dat Hemd

kazak

de Pullover

süveter

de Kapuzenpullover

blazer

de Blazer

ceket

de Jack

mont

de Mantel

yağmurluk

de Övertrecker

kostüm

dat Kostüm

elbise

dat Kleed

gelinlik

dat Hochtietskleed

takım elbise

de Antog

gecelik

dat Nachtkleed

pijama

de Slaapantog

sari

de Sari

baş örtüsü

dat Koppdook

türban

de Turban

burka

de Burka

kaftan

de Kaftan

çarşaf

de Abaya

mayo

de Baadantog

erkek mayosu

de Baadbüx

şort

de Korte Büx

eşofman

de Antog to'n Öven

önlük

de Schört

eldiven

de Handschoh

düğme
de Knopp

gözlük
de Brill

bilezik
dat Armband

kolye
de Halskeed

yüzük
de Ring

küpe
de Ohrbummel

kep
de Mütz

portmanto
de Klederbögel

şapka
de Hoot

kravat
de Binner

fermuar
de Rietslüter

kask
de Helm

pantolon askısı
dat Drachtband

okul forması
de Schooluniform

üniforma
de Uniform

mama önlüğü
de Severböten

emzik
de Snuller

bebek bezi
de Winnel

dat Büro

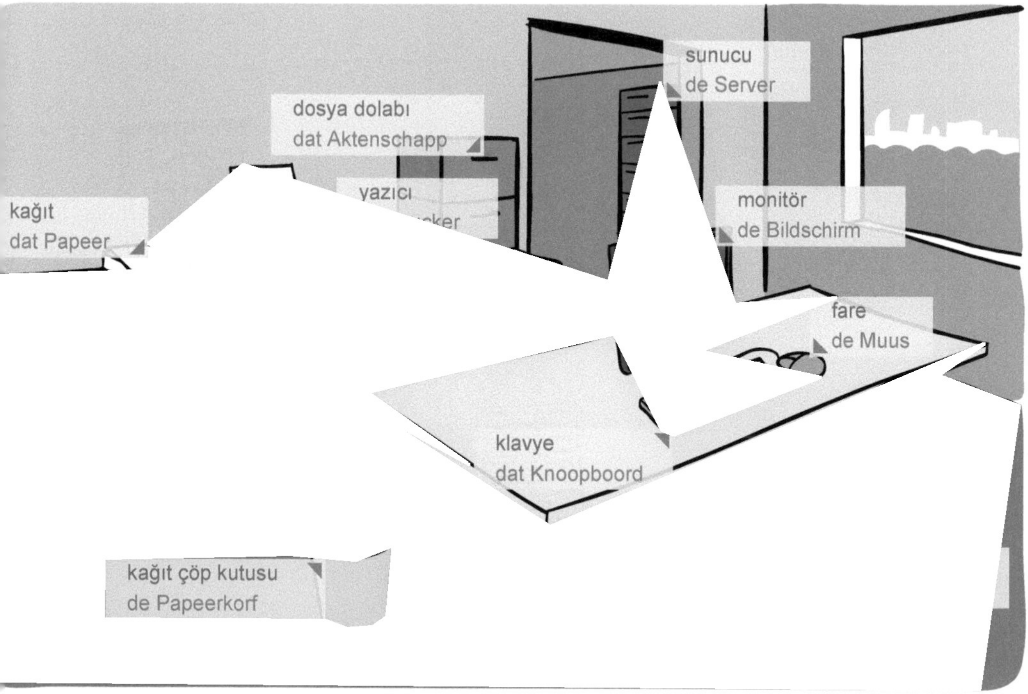

sunucu
de Server

dosya dolabı
dat Aktenschapp

kağıt
dat Papeer

yazıcı
de ...cker

monitör
de Bildschirm

fare
de Muus

klavye
dat Knoopboord

kağıt çöp kutusu
de Papeerkorf

kahve fincanı
de Koffiebeker

hesap makinesi
de Taschenreekner

internet
dat Internet

dizüstü

de Klappreekner

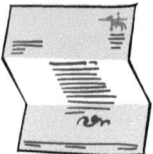

mektup

de Breef

mesaj

de Naricht

cep telefonu

de Ackersnacker

ağ

dat Nettwark

fotokopi makinesi

de Kopeerapparat

yazılım

de Software

telefon

de Klöönkassen

priz

de Steekdoos

faks makinesi

de Faxapparat

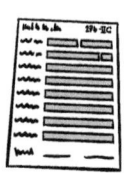

form

dat Formulor

belge

dat Dokument

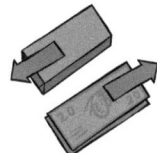

satın almak
köpen

ödemek
betahlen

ticaret yapmak
hanneln

para
dat Geld

 USD

dolar
de Dollar

 EUR

avro
de Euro

 JPY

yen
de Yen

 RUB

ruble
de Ruvel

 CHF

İsviçre frangı
de Swiezer Franken

 CNY

Çin yuanı
de Renminbi Yuan

 INR

rupi
de Rupie

kasa
de Geldautomat

döviz bürosu

de Wesselstuuv

altın

dat Gold

gümüş

dat Sülver

petrol

dat Ööl

enerji

de Energie

fiyat

de Pries

kontrat

de Verdrag

vergi

de Stüer

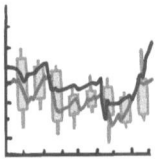

menkul değer

de Andeelschien

çalışmak

arbeiden

işveren

de Anstellte

işçi

de Arbeitgever

fabrika

de Fabrik

mağaza

de Hökerie

de Profeschonen

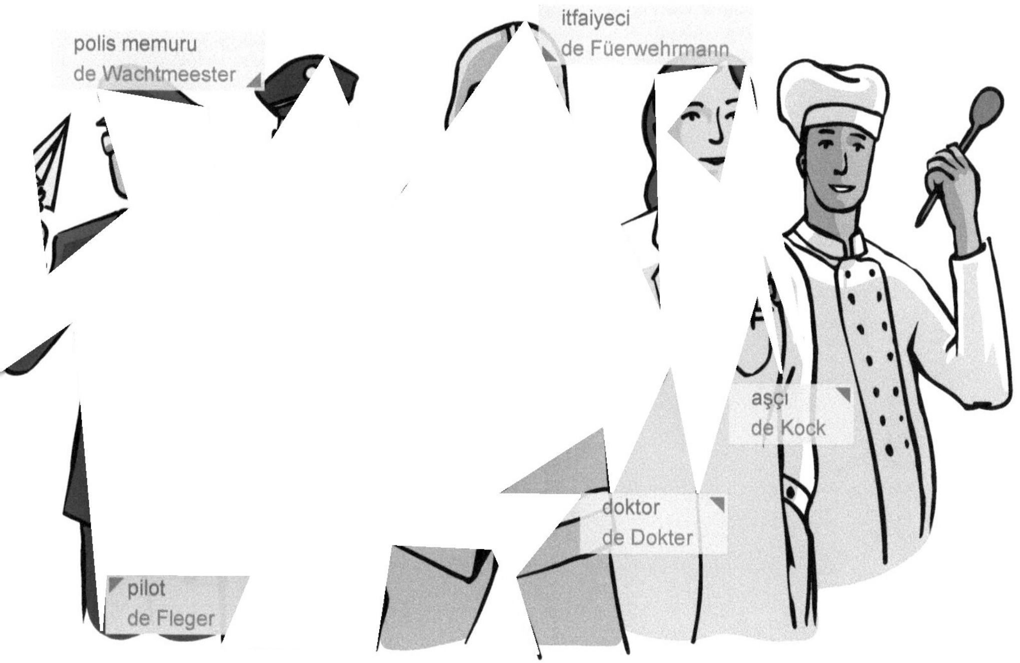
polis memuru
de Wachtmeester
itfaiyeci
de Füerwehrmann
aşçı
de Kock
doktor
de Dokter
pilot
de Fleger

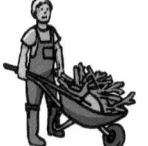

bahçıvan

....

de Goorner

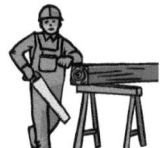

marangoz

....

de Discher

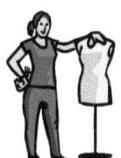

terzi

....

de Neihersche

hakim

....

de Richter

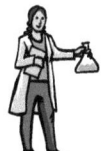

kimyager

....

de Chemiker

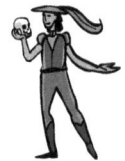

aktör

....

de Schauspeler

otobüs şoförü

de Busfohrer

taksi şoförü

de Taxifohrer

balıkçı

de Fischer

temizlikçi

de Reinmaakfru

çatı ustası

de Dackdecker

garson

de Kellner

avcı

de Jäger

boyacı

de Maler

fırıncı

de Bäcker

elektrikçi

de Elektriker

inşaatçı

de Buarbeider

mühendis

de Ingenieur

kasap

de Slachter

muslukçu

de Klempner

postacı

de Postbüdel

asker

de Suldat

mimar

de Architekt

kasiyer

de Kasserer

çiçekçi

de Florist

kuaför

de Putzbüdel

kondüktör

de Schaffner

tamirci

de Mechaniker

kaptan

de Kaptein

dişçi

de Tähndokter

bilim insanı

de Wetenschopler

haham

de Rabbi

imam

de Imam

keşiş

de Mönk

rahip

de Paap

dat Warktüüch

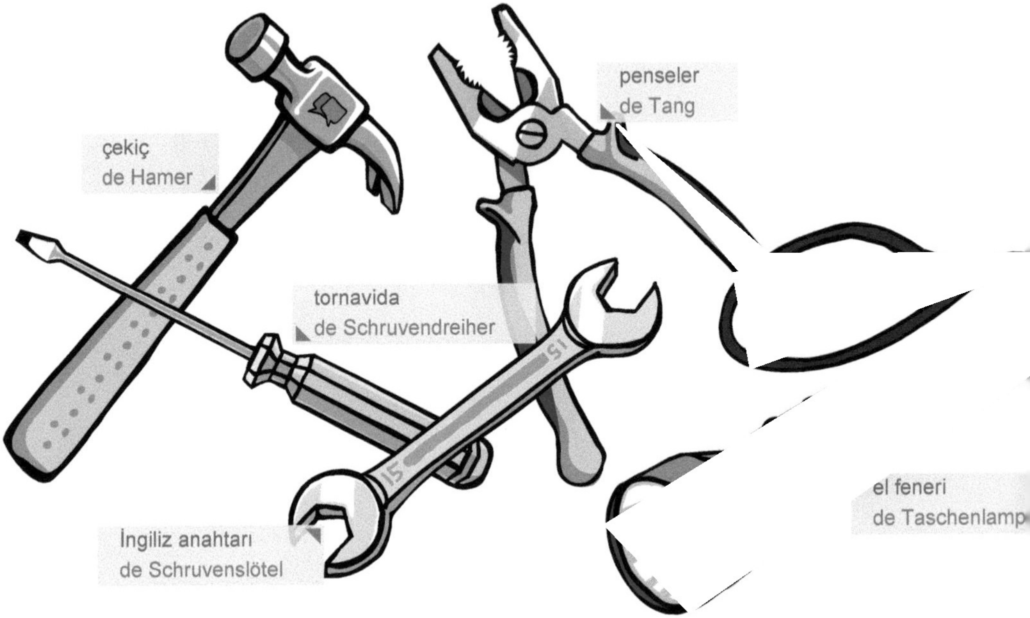

penseler
de Tang
çekiç
de Hamer
tornavida
de Schruvendreiher
el feneri
de Taschenlamp
İngiliz anahtarı
de Schruvenslötel

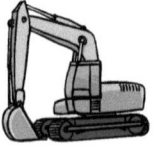

kazı makinesi

de Grieper

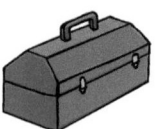

alet çantası

de Warktüüchkassen

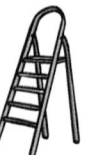

merdiven

de Ledder

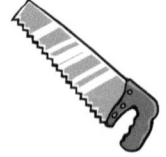

testere

de Saag

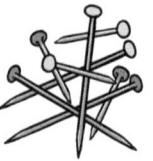

çiviler

de Nagels

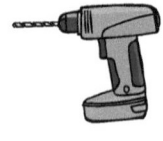

matkap

de Bohrer

tamir etmek
heelmaken

kürek
de Schüffel

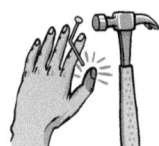

Kahretsin!
Schiet!

faraş
dat Kehrblick

boya tenekesi
de Farvpott

vidalar
de Schruven

de Musikinstrumenten

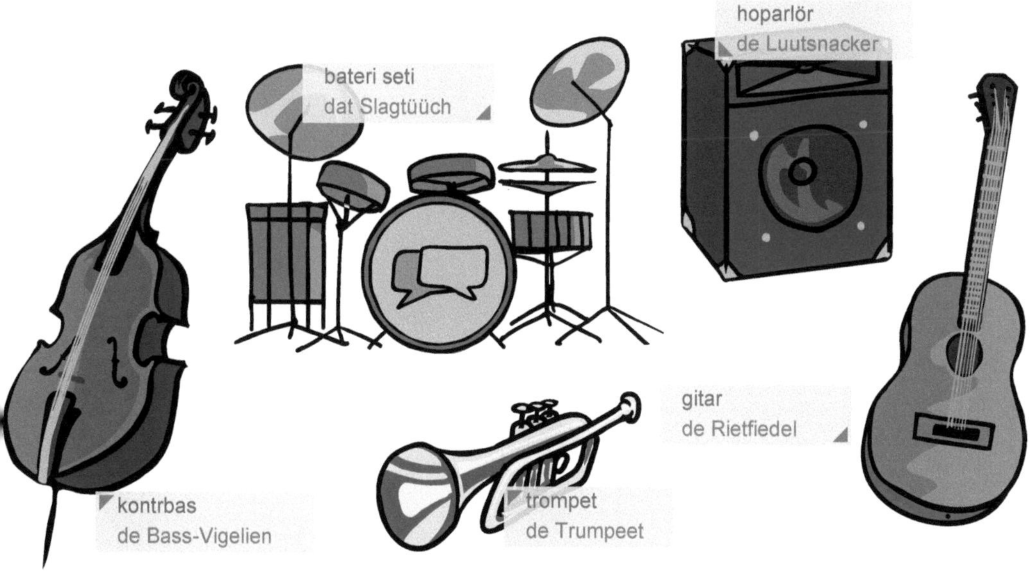

hoparlör
de Luutsnacker

bateri seti
dat Slagtüüch

gitar
de Rietfiedel

kontrbas
de Bass-Vigelien

trompet
de Trumpeet

piyano

dat Klaveer

keman

de Vigelien

basgitar

de Bass

timpani

de Pauk

bateri

de Trummeln

klavye

dat Keyboard

saksafon

dat Saxophon

flüt

de Fleut

mikrofon

dat Mikrofoon

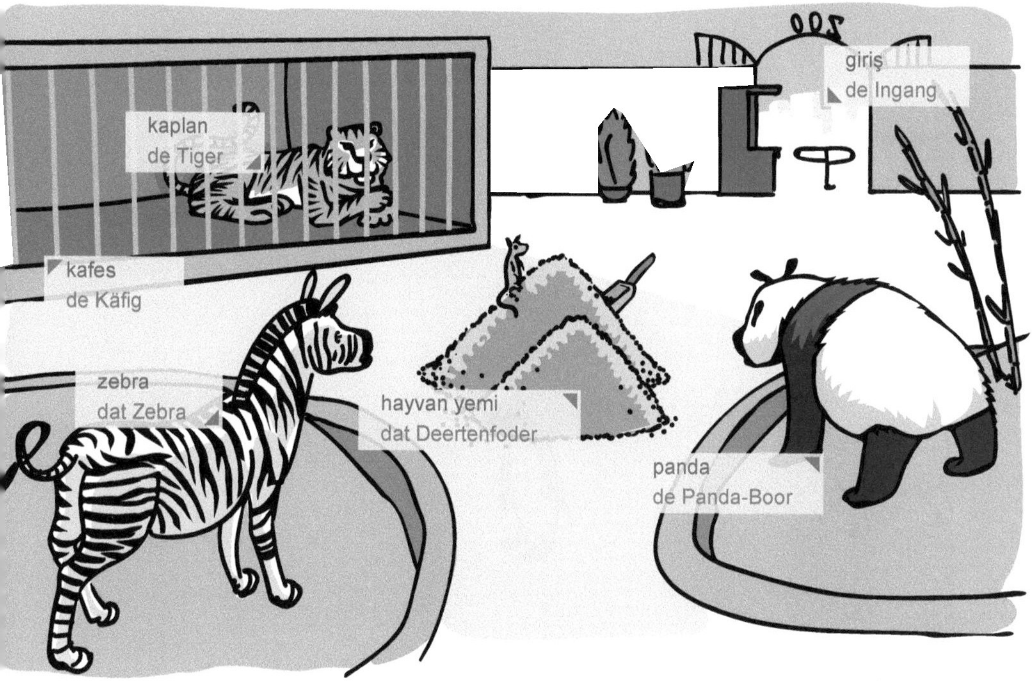

giriş
de Ingang

kaplan
de Tiger

kafes
de Käfig

zebra
dat Zebra

hayvan yemi
dat Deertenfoder

panda
de Panda-Boor

hayvanlar
de Deerten

fil
de Elefant

kanguru
dat Känguru

gergedan
dat Neeshoorn

goril
de Gorilla

ayı
de Boor

deve

dat Kameel

deve kuşu

de Struuß

aslan

de Lööv

maymun

de Aap

flamingo

de Flamingo

papağan

de Papagoi

kutup ayısı

de Iesboor

penguen

de Pinguin

köpek balığı

de Haifisch

tavus kuşu

de Pageluun

yılan

de Slang

timsah

dat Krokodil

hayvanat bahçesi görevlisi

de Oppasser in'n
Deertenpark

fok

de Saalhund

jaguar

de Jaguor

midilli atı

dat Pony

leopar

de Leopard

su aygırı

dat Nilpeerd

zürafa

de Giraff

kartal

de Aadler

yaban domuzu

dat Wildswien

balık

de Fisch

kaplumbağa

de Schildkrööt

mors

dat Walross

tilki

de Voss

ceylan

de Gazell

amerikan futbolu
de Amerikaansch Football

bisiklete binme
dat Radfohren

tenis
dat Tennis

basketbol
de Korfball

yüzme
dat Swümmen

boks
dat Boxen

buz hokeyi
dat Ieshockey

futbol
de Football

badminton
dat Fedderball

atletizm
de Leichtathletik

hentbol
de Handball

kayak
dat Skilopen

polo
dat Polo

de Aktivitäten

atlamak
springen
sarılmak
ümarmen
gülmek
lachen
yürümek
gahn
söylemek
singen
hayal etmek
drömen
dua etmek
beden
öpmek
snuteln

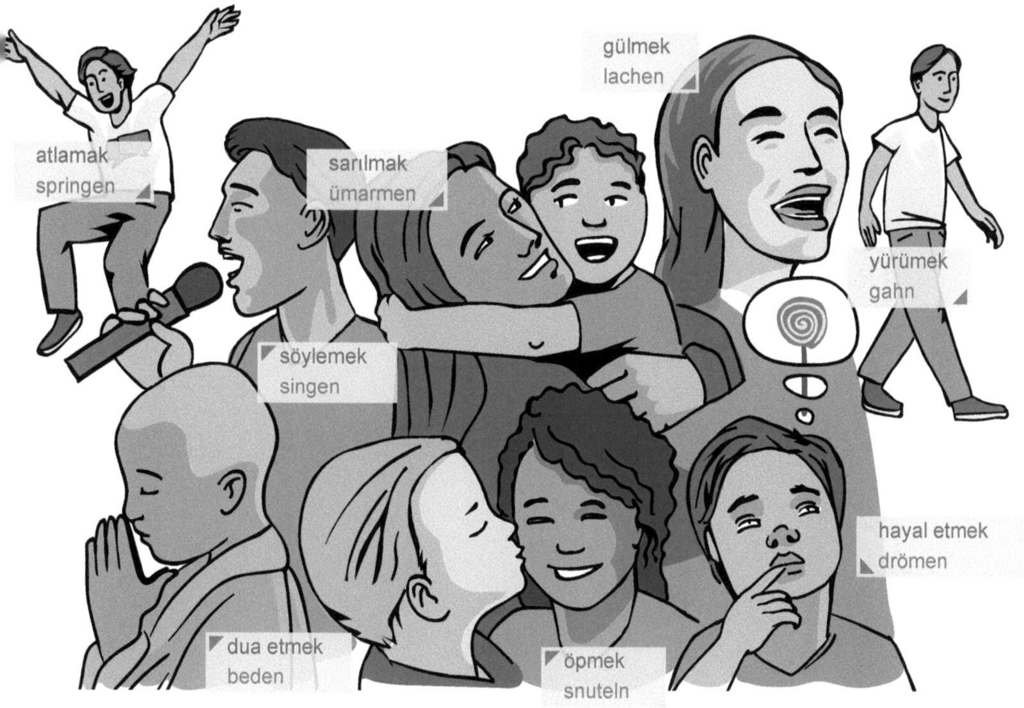

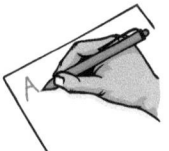

yazmak

schrieven

çizmek

teken

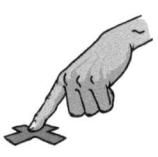

göstermek

wiesen

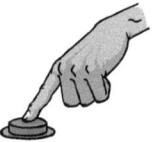

itmek

drücken

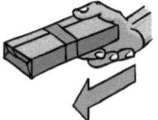

vermek

geven

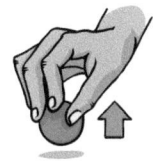

almak

nehmen

sahip olmak

hebben

yapmak

doon

olmak

sien

ayakta durmak

stahn

koşmak

lopen

çekmek

trecken

atmak

smieten

düşmek

fallen

yalan söylemek

liggen

beklemek

töven

taşımak

dregen

oturmak

sitten

giyinmek

antrecken

uyumak

slapen

uyanmak

opwaken

bakmak

ankieken

ağlamak

wenen

vurmak

eien

taramak

kämmen

konuşmak

snacken

anlamak

verstahn

sormak

fragen

dinlemek

hören

içmek

drinken

yemek

eten

düzenlemek

oprümen

sevmek

leefhebben

pişirmek

kaken

sürmek

fohren

uçmak

flegen

denize açılmak

segeln

hesapla

reken

okumak

lesen

öğrenmek

lehren

çalışmak

arbeiden

evlenmek

de Plünnen tohoopsmieten

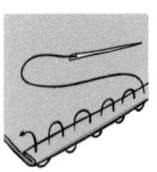

dikmek

neihen

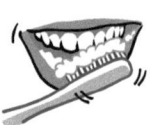

diş fırçalamak

Tähnen putzen

öldürmek

dootmaken

sigara içmek

smöken

yollamak

schicken

büyükanne
de Grootmoder

büyükbaba
de Grootvadder

baba
de Vadder

anne
de Moder

ebek
at Winnelkind

kız
de Dochter

oğul
de Söhn

misafir
de Gast

teyze
de Tant

amca
de Unkel

erkek kardeş
de Broder

kız kardeş
de Süster

aile - de Familje

67

de Lief

alın
de Vörkopp
göz
dat Oog
omuz
de Schuller
parmak
de Finger
yüz
dat Gesicht
çene
dat Kinn
el
de Hand
bacak
dat Been
göğüs
de Bost
kol
de Arm

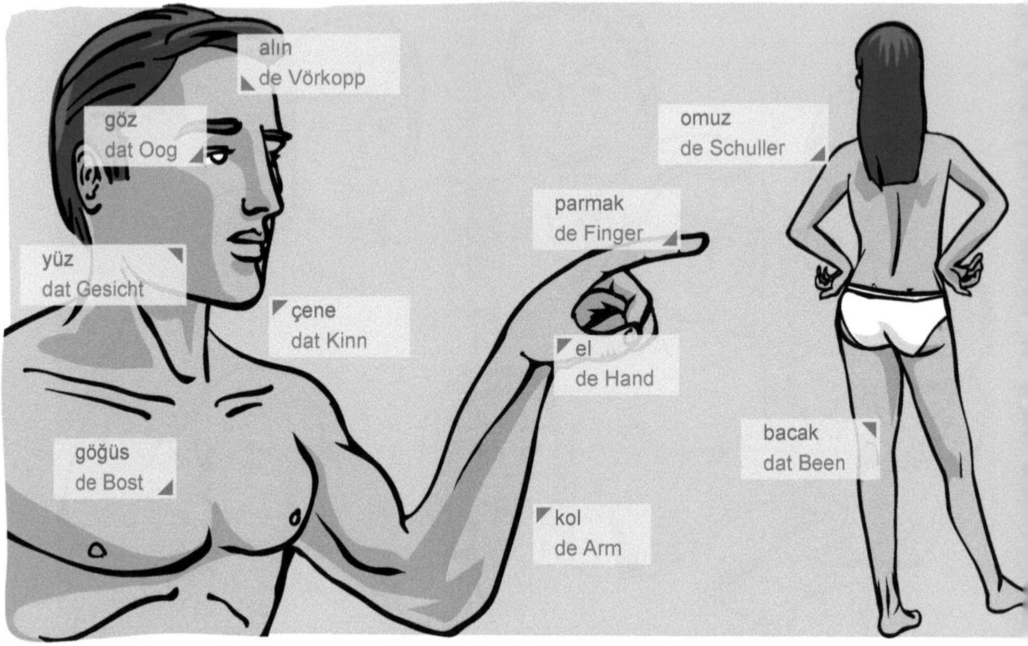

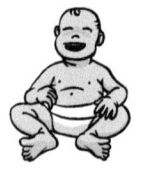

bebek

dat Winnelkind

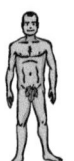

adam

de Mann

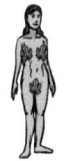

kadın

de Fro

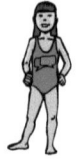

kız

de Deern

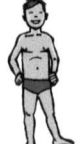

erkek çocuk

de Jung

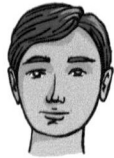

baş

de Arm

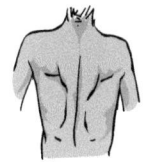

sırt

de Rüch

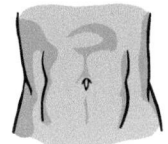

karın

de Buuk

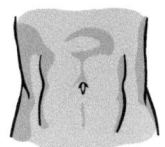

göbek

de Navel

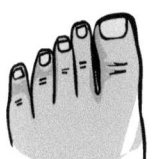

ayak parmağı

de Teh

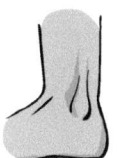

topuk

de Hack

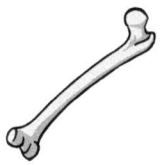

kemik

de Knaken

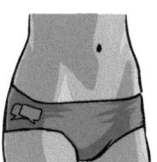

kalça

de Hüft

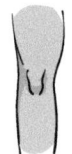

diz

dat Knee

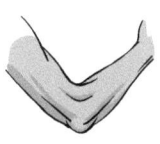

dirsek

de Ellbagen

burun

de Nees

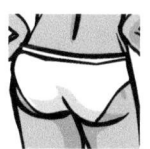

kalça

de Achtersen

deri

de Huut

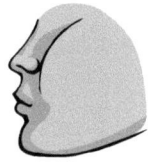

yanak

de Back

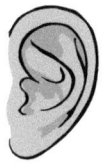

kulak

dat Ohr

dudak

de Lipp

ağız

de Mund

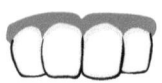

diş

de Tähn

dil

de Tung

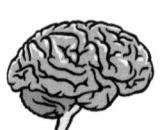

beyin

de Bregen

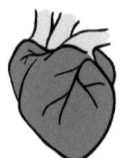

kalp

dat Hart

kas

de Muskel

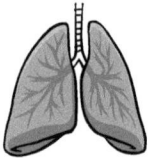

akciğer

de Lung

karaciğer

de Lever

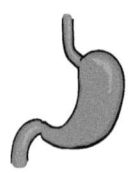

mide

de Maag

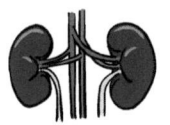

böbrekler

de Neren

seks

de Bislaap

prezervatif

dat Kondoom

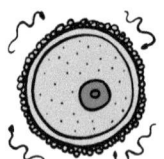

yumurtalık

de Eizell

sperm

dat Sperma

hamilelik

de Anner Ümstänn

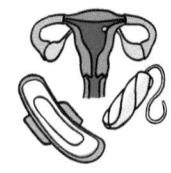

regl

de Menstruatschoon

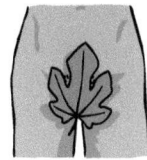

vajina

de Scheed

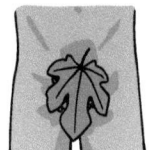

penis

de Pint

kaş

de Ogenbroe

saç

dat Hoor

boyun

de Hals

dat Krankenhuus

hastane
dat Krankenhuus
ambulans
de Krankenwagen
tekerlekl
de Rullst
kırık
de Bruch

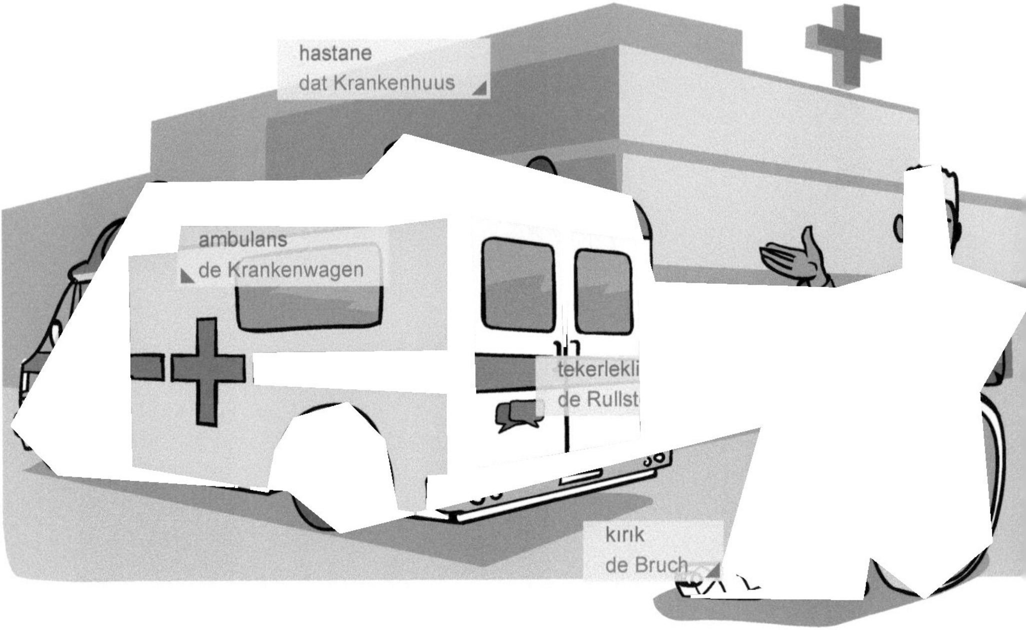

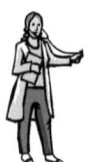

doktor

de Dokter

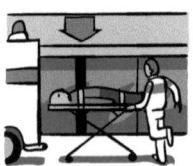

acil servis

de Nootopnahm

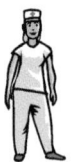

hemşire

de Krankensüster

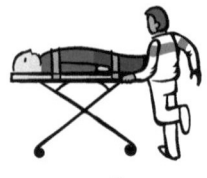

acil

de Nootfall

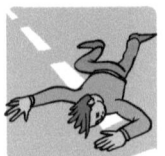

baygın

ahnmächtig

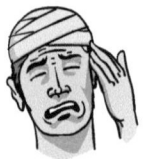

acı

de Wehdaag

yaralanma

de Verwunnen

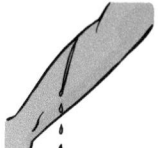

kanama

de Blöden

kalp krizi

de Hartinfarkt

felç

de Slaganfall

alerji

de Allergie

öksürük

de Hoosten

ateş

dat Fever

grip

de Gripp

ishal

de Dörchfall

baş ağrısı

de Koppwehdaag

kanser

de Kreeft

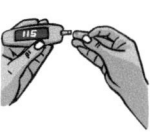

şeker hastalığı

de Zuckersüük

cerrah

de Chirurg

neşter

dat Chirurgsch Mess

operasyon

de Operatschoon

bilgisayarlı tomografi

dat CT

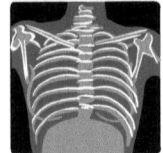

röntgen

de Dörchlüchten

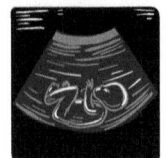

ultrason

de Ultraschall

yüz maskesi

de Mask

hastalık

de Krankheit

bekleme odası

de Töövruum

koltuk değneği

de Krück

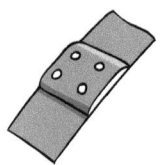

yara bandı

dat Plaaster

bandaj

de Verband

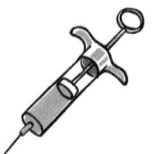

enjeksiyon

de Insprütten

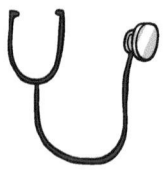

steteskop

dat Stethoskop

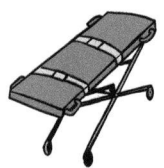

sedye

de Draag

tıbbi termometre

dat Feverthermometer

doğum

de Geboort

fazla kilo

dat Övergewicht

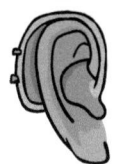

işitme cihazı

de Höörapparat

dezenfektan

dat Kiemfriemiddel

enfeksiyon

de Ansteken

virüs

de Virus

HIV / AIDS

dat HIV / AIDS

ilaç

dat Heelmiddel

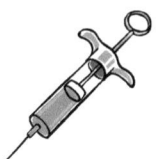

aşı

de Impen

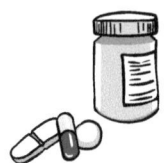

tablet

de Tabletten

hap

de Pill

acil çağrı

de Nootroop

tansiyon aleti

de Blootdruck-Meter

hasta / sağlıklı

krank / gesund

İmdat!

Hölp!

alarm

de Alarm

darp

de Överfall

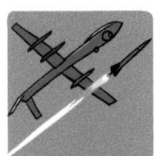

saldırı

de Angreep

tehlike

de Gefohr

acil çıkış

de Nootutgang

Yangın!

dat Füer!

yangın tüpü

de Füerlöscher

kaza

de Unfall

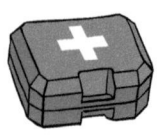

ilk yardım çantası

de Noothölpkoffer

imdat

SOS

polis

de Polizei

Avrupa

Europa

Kuzey Amerika

Noordamerika

Güney amerika

Süüdamerika

Afrika

Afrika

Asya

Asien

Avustralya

Australien

Atlantik

de Atlantik

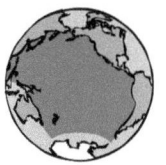

Pasifik

de Pazifik

Hint Okyanusu

dat Indisch Weltmeer

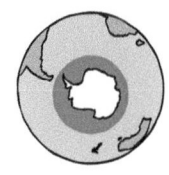

Antarktika Okyanusu

dat Antarktisch Weltmeer

Arktik Okyanusu

dat Arktisch Weltmeer

Kuzey Kutbu

de Noordpol

Güney Kutbu

de Süüdpol

Antarktika

de Antarktis

dünya

de Eerd

kara

dat Land

deniz

de See

ada

dat Eiland

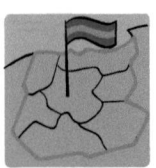

ulus

de Natschoon

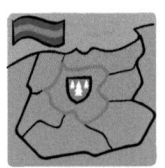

ülke

de Staat

kadran

dat Tallenblatt

akrep

de Stunnenwieser

yelkovan

de Minutenwieser

saniye ibresi

de Sekunnenwieser

Saat kaç?

Wo laat is dat?

gün

de Dag

zaman

de Tiet

şimdi

nu

dijital saat

de digetaalsch Klock

dakika

de Minuut

saat

de Stunn

de Week

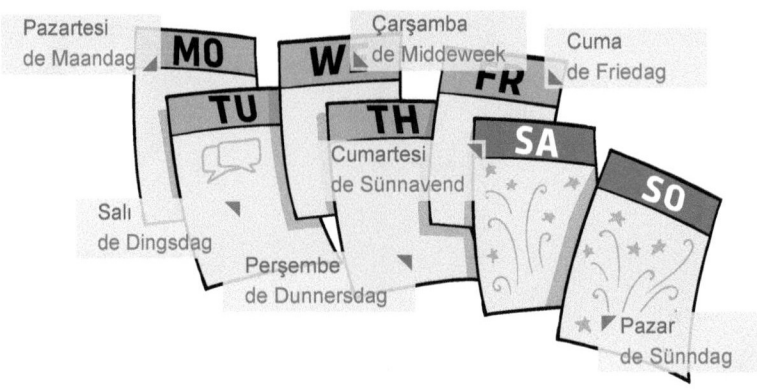

Pazartesi
de Maandag

Salı
de Dingsdag

Çarşamba
de Middeweek

Perşembe
de Dunnersdag

Cumartesi
de Sünnavend

Cuma
de Friedag

Pazar
de Sünndag

dün
güstern

bugün
hüüt

yarın
morgen

sabah
de Morgen

öğle
de Meddag

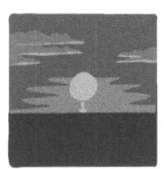

akşam
de Avend

iş günleri
de Arbeitsdaag

hafta sonu
dat Wekenenn

yağmur
de Regen

gökkuşağı
de Regenbagen

kara
de Snee

rüzgar
de Wind

bahar
dat Fröhjohr

sonbahar
de Harvst

yaz
de Sommer

kış
de Winter

4.APRIL	11°	☀
5.APRIL	4°	☔
6.APRIL	13°	☔
7.APRIL	8°	☀
8.APRIL	10°	☀

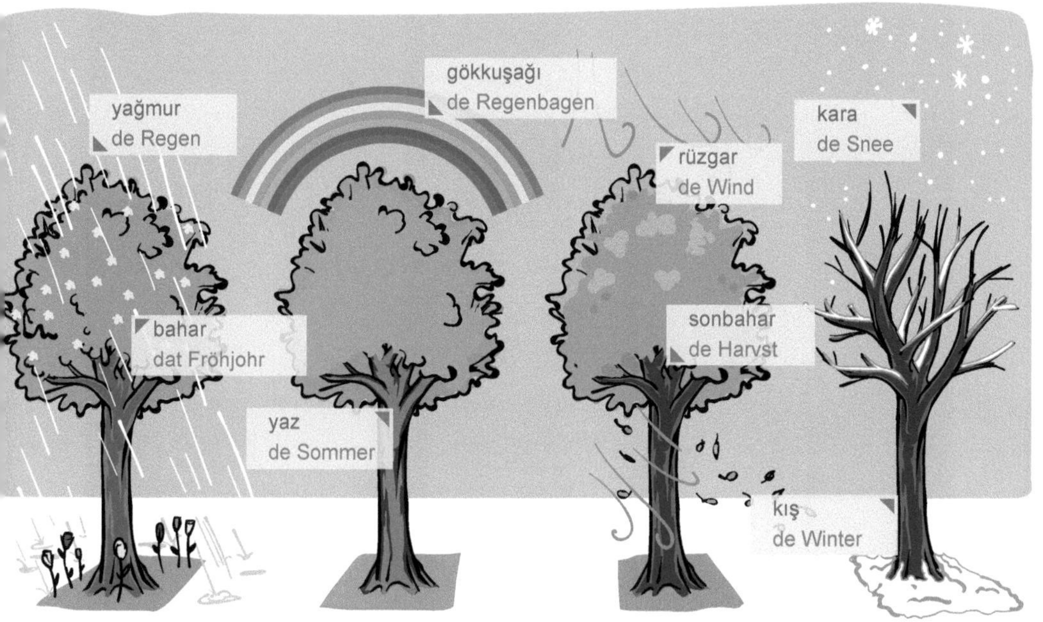

hava durumu tahmini
....
de Wedervörhersaag

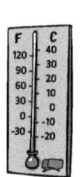

termometre
....
dat Thermometer

güneş ışığı
....
de Sünnenschien

bulut
....
de Wulk

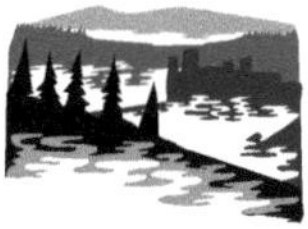

sis
....
de Nevel

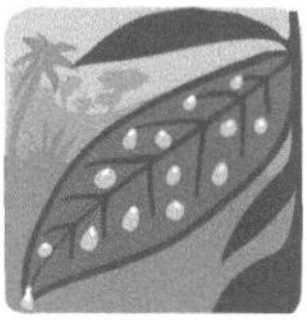

nem
....
de Luftfuchtigkeit

şimşek

de Blitz

gök gürültüsü

de Dunner

fırtına

de Storm

dolu

de Hagel

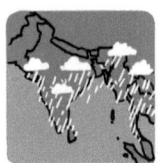

muson

de Monsun

sel

de Floot

buz

dat Ies

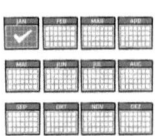

Ocak

de Januormaand

Şubat

de Februormaand

Mart

de Martmaand

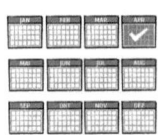

Nisan

de Aprilmaand

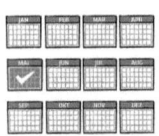

Mayıs

de Maimaand

Haziran

de Junimaand

Temmuz

de Julimaand

Ağustos

de Augustmaand

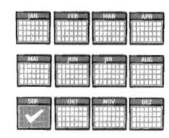

Eylül
....
de Septembermaand

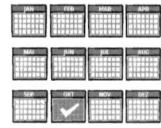

Ekim
....
de Oktobermaand

Kasım
....
de Novembermaand

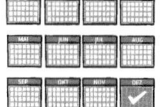

Aralık
....
de Dezembermaand

de Formen

daire
....
de Krink

kare
....
dat Quadrat

dikdörtgen
....
dat Rechteck

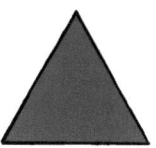

üçgen
....
dat Dreeeck

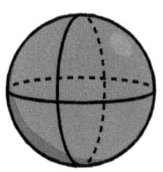

küre
....
de Kugel

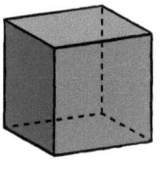

küp
....
de Wörpel

beyaz

witt

sarı

geel

turuncu

orangsch

pembe

pink

kırmızı

root

mor

lila

mavi

blau

yeşil

gröön

kahverengi

bruun

gri

gries

siyah

swart

çok / az
....
veel / wenig

kızgın / sakin
....
böös / verdreeglich

güzel / çirkin
....
smuck / mies

başlangıç / son
....
de Begünn / dat Enn

büyük / küçük
....
groot / lütt

parlak / karanlık
....
hell / düüster

erkek kardeş / kız kardeş
....
de Broder / de Süster

temiz / kirli
....
schier / schietig

tamam / eksik
....
kumpleet / nich kumpleet

gün / gece
....
de Dag / de Nacht

ölü / canlı
....
doot / lebennig

geniş / dar
....
breet / small

yenilebilir / yenilemez

geneetbor / nich geneetbor

kötü / iyi

böös / fründlich

heyecanlı / sıkılmış

fickerig / langwielt

şişman / zayıf

dick / dünn

ilk / son

toeerst / toletzt

dost / düşman

de Fründ / de Fiend

dolu / boş

vull / leddig

sert / yumuşak

hart / week

ağır / hafif

swoor / licht

açlık / susuzluk

de Smacht / de Döst

hasta / sağlıklı

krank / gesund

yasa dışı / yasal

nich na't Recht / na't Recht

zeki / aptal

klook / dummerhaftig

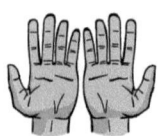

sol / sağ

linkerhand / rechterhand

yakın / uzak

neeg / feern

yeni / kullanılmış

nieg / bruukt

hiçbir şey / bir şey

nix / wat

yaşlı / genç

oolt / jung

açma / kapama

an / ut

açık / kapalı

apen / slaten

sessiz / gürültülü

lies / luut

zengin / fakir

riek / arm

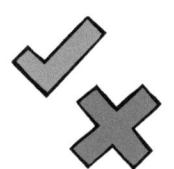

doğru / yanlış

richtig / verkehrt

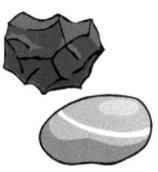

pürüzlü / düz

ruug / glatt

üzgün / mutlu

trurig / glücklich

kısa / uzun

kort / lang

yavaş / hızlı

suutje / flink

ıslak / kuru

natt / dröög

sıcak / serin

warm / köhl

savaş / barış

de Krieg / de Freden

0	**1**	**2**
sıfır	bir	iki
null	een	twee

3	**4**	**5**
üç	dört	beş
dree	veer	fief

6	**7**	**8**
altı	yedi	sekiz
söss	söven	acht

9	**10**	**11**
dokuz	on	on bir
negen	teihn	ölven

12

on iki

twölf

13

on üç

dörteihn

14

on dört

veerteihn

15

on beş

föffteihn

16

on altı

sössteihn

17

on yedi

söventeihn

18

on sekiz

achtteihn

19

on dokuz

negenteihn

20

yirmi

twintig

100

yüz

hunnert

1.000

bin

dusend

1.000.000

milyon

million

İngilizce

dat Engelsch

Amerikan İngilizcesi

dat Amerikaansch Engelsch

Çince (Mandarin)

dat Chineesch Mandarin

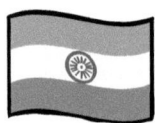

Hintçe

dat Hindi

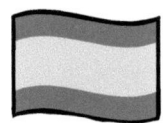

İspanyolca

dat Spaansch

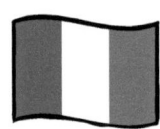

Fransızca

dat Franzöösch

Arapça

dat Araabsch

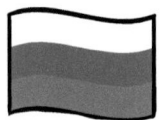

Rusça

dat Rusch

Portekizce

dat Portugiesch

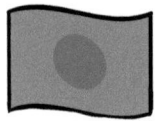

Bengalce

dat Bengaalsch

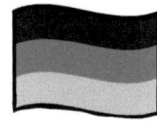

Almanca

dat Düütsch

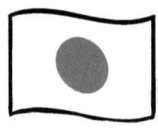

Japonca

dat Japaansch

ben
....
ik

sen
....
du

o
....
he / se / dat

biz
....
wi

siz
....
ji

onlar
....
se

kim?
....
keen?

ne?
....
wat?

nasıl?
....
woans?

nerede?
....
woneem?

ne zaman?
....
wannehr?

isim
....
de Naam

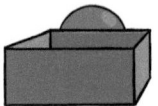

arkasında

achter

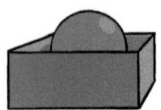

içinde

in

önünde

vör

üzerinde

över

üstünde

op

altında

ünner

yanında

blangen

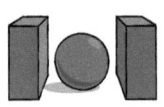

arasında

twüschen

yer

de Oort